Daniel Müller

Aus der Reihe: e-fellows.net stipendiaten-wissen

e-fellows.net (Hrsg.)

Band 543

Integration des Dokumentenmanagementsystems Alfresco mit SAP

GRIN Verlag

Bibliografische Information der Deutschen Nationalbibliothek:

Die Deutsche Bibliothek verzeichnet diese Publikation in der Deutschen National-
bibliografie; detaillierte bibliografische Daten sind im Internet über http://dnb.d-
nb.de/ abrufbar.

Impressum:

Copyright © 2012 GRIN Verlag GmbH
Druck und Bindung: Books on Demand GmbH, Norderstedt Germany
ISBN: 978-3-656-29702-4

Dieses Buch bei GRIN:

http://www.grin.com/de/e-book/200202/integration-des-dokumentenmanagement-
systems-alfresco-mit-sap

GRIN - Your knowledge has value

Der GRIN Verlag publiziert seit 1998 wissenschaftliche Arbeiten von Studenten, Hochschullehrern und anderen Akademikern als eBook und gedrucktes Buch. Die Verlagswebsite www.grin.com ist die ideale Plattform zur Veröffentlichung von Hausarbeiten, Abschlussarbeiten, wissenschaftlichen Aufsätzen, Dissertationen und Fachbüchern.

Besuchen Sie uns im Internet:

http://www.grin.com/

http://www.facebook.com/grincom

http://www.twitter.com/grin_com

Hochschule Landshut - Fakultät Informatik

Bachelorarbeit

Integration des
Dokumentenmanagementsystems Alfresco
mit SAP

Daniel Müller

31. Juli 2012

Eingereicht am 31.07.2012

Abstract

Diese Bachelorarbeit soll eine Einführung in technische Hintergründe von SAP ArchiveLink sowie Alfresco Web Scripts geben. Zum Abschluss werden 3 Möglichkeiten der Integration aufgeführt. Immer mehr Unternehmen stellen ihre Abläufe in der Verwaltung, d. h. Bestellung, Produktion, Fakturierung und weitere Bereiche auf rein digitale Geschäftsprozesse um. Hierbei ergeben sich eine Vielzahl an Vorteilen. Durch eine gesicherte zentrale Ablage aller relevanten Dokumente, können Kundenanfragen, Statusreports und Qualitätssicherungen schnell und vorallem von fast jeder belibigen Stelle aus durchgeführt werden. Nicht zu unterschätzen sind hierbei auch Einsparpotentziale. Wo früher eine Sekritärin im Aktenschrank nach der richtigen Rechnung suchen musst, wird diese per Klick einfach am Computer geöffnet.

Um einen reibunglosen Ablauf gewährleisten zu können, müssen entsprechende technische Vorkehrungen getroffen werden. Als Branchenführer im Bereich von ERP Software für Unternehmen ist SAP eine gute Ausgangssituation um die Möglichkeiten genauer zu betrachten. Alfresco hat sich nicht nur durch die Open Source Gemeinde als Optimale Lösung im Bereich Dokumentenmanagement bewiesen, sondern besitzt auch Kooperationen mit SAP.

Eine technische Einführung in SAP ArchvieLink soll das Grundverständnis für die Kommunikation mit SAP über HTTP verdeutlichen. Es werden einzelne Methoden und Attribute angesprochen die als Basis für alle anderen Varianten verstanden werden können. Alfreso bietet mit Web Scripte eine Schnittstelle auf Basis von standard HTTP Methoden an, welche sich individuell Programmieren lässt. Hierbei kann gezielt auf die entsprechenden Anforderungen von SAP eingegangen werden. Ein typisches „HelloWorld" Beispiel soll den Aufbau und die Funktionalität erläutern.

Um eine Integration von Alfresco in SAP zu ermöglichen, existieren diverse Lösungen. Neben der Möglichkeit über Web Scripte eine Kommunikation zu ermöglichen, bieten auch Softwarhäuser bereits Module und Frameworks für eine erfolgreiche Integration an. Daneben wird noch eine weitere Lösung auf Basis eines eigenen Servers bzw. Dienstes für die Verwaltung der Datenablage beschrieben.

Inhaltsverzeichnis

1. Einleitung

Alfresco ist eines der führenden Dokumentenmanagementsystemen neben SharePoint und OpenText ECM. Die Unternehmenssoftware von SAP besitzt mit knapp 25%[1] den weltweit größten Marktanteil vor Oracle an in Unternehmen realisierten ERP-Systemen. Die Integration von Alfresco in SAP würde die Stärken beider Unternehmen in sich vereinen, was in dieser Arbeit genauer betrachtet werden soll.

Durch den Einsatz eines ERP-Systems, insbesondere SAP, entsteht eine Vielzahl digitaler Dokumente, wie beispielsweise Aufträge, Bestellungen, Lieferscheine oder auch Rechnungen. In großen Unternehmen kann sich dies auf mehrere tausend Dokumente pro Tag kummulieren. Relevant für effiziente Prozesse und Abläufe im Unternehmen ist ein schneller Zugriff auf diese Dokumente und die darin hinterlegten Informationen.

Ein Dokumentenmanagementsystem (DMS) unterstützt den Anwender bei der Suche nach Informationen und kann Dokumente über spezielle Verknüpfungen direkt zur Verfügung stellen. Die Herausforderungen für aktuelle DMSe liegen dabei in den Bereichen der Performance im Hinblick auf zukünftige Datenmengen, in der Integration in bestehende Systeme und in der Revisionssicherheit von der Dokumente nach gesetzlichen und Compliance Anforderungen.

In dieser Bachelorarbeit wird einführend auf die ArchiveLink-Schnittstelle von SAP eingegangen und ihre Aufgaben sowie der Einsatzzweck definiert. Außerdem werden Alfresco und das gleichnamige DMS vorgestellt. Erster Kernpunkt der Arbeit ist der ArchiveLink HTTP Content Server, wobei hier die Syntax der Schnittstelle anhand eines Beispiels beschrieben wird. Der zweite Schwerpunkt liegt auf Web-Skripten von Alfresco, welche sich für eine Kommunikation über das HTTP-Protokoll anbieten. Ein einfaches „Hello World"-Skript soll die Funktionsweise und den Aufbau von Web-Skripten erläutern.

Im Anschluss werden drei verschiedene Szenarien näher betrachtet werden. Die erste Lösung beschreibt einen Zwischenserver, welcher die Dokumente empfängt, diese aufbereitet und an Alfresco weiterleitet. Bei der zweiten Möglichkeit kann SAP über das HTTP-Protokoll direkt mit Alfresco durch den Einsatz verschiedener Web-Skripte kommunizieren. Als dritter Ansatz wird eine kommerzielle Umsetzung der Integration durch Kooperation der Firmen *KGS* (Addon) und *fme* (Implementierung) vorgestellt.

---

[1]Quelle: Gartner, 2008 - Umsatzanteile der Anbieter von Unternehmenssoftware

2. SAP ArchiveLink

Im folgenden Kapitel soll allgemein die SAP R/3-Komponente ArchiveLink vorgestellt und eine Übersicht über die möglichen Verwendungen gegeben werden. Eine genauere Betrachtung der relevanten SAP Content Server HTTP 4.5-Schnittstelle findet in Kapitel 4 statt.

2.1. Definition

Ein besseres Verständnis von SAP ArchiveLink sollen zwei Zitate vermitteln. Helmut Stefani beschreibt in *Datenarchivierung mit SAP* ArchiveLink wie folgt:

> ArchiveLink stellt SAP-Anwendungen ein Bündel von Schnittstellen, Services und Szenarien zur Verfügung, mit denen Dokumente und Geschäftsprozesse möglichst einfach integriert werden können. [Ste06, S. 116]

In der Dokumentation zu ArchiveLink von SAP wird es folgendermaßen beschrieben:

> SAP ArchiveLink ist eine in die Basiskomponente des SAP R/3-Systems integrierte Kommunikationsschnittstelle zwischen den R/3-Anwendungskomponenten und externen Komponenten (Ablagesysteme oder allgemeine Desktopapplikationen). [SAP01, S. 11]

Zu Beginn der Entwicklung sollte ArchiveLink eine Schnittstelle bieten, die eine Archivierung auf (externe) Ablagesysteme ermöglicht. Umgesetzt wurde dies durch eine Verbindung von zwei internen Schnittstellen, einer anwendungsnahen und einer dokumentennahen, welche den SAP-Anwendungen zur Verfügung gestellt wurden. Anwendungsnah bedeutet, das in Abhängigkeit von der ausgewählten Anwendung alle dazugehörigen Dokumente angezeigt werden. Im Gegensatz hierzu wird bei der dokumentennahen Schnittstelle ein bestimmtes Dokument angezeigt.

2.2. Einsatzzweck

Durch Weiterentwicklung der unternehmensinternen Prozesse, wie beispielsweise integrierte Prozesse, Zentralisierung oder das papierlose Büro, werden umfangreichen Anforderungen an ein ERP-System gestellt. Es soll durch integrierte Geschäftsprozesse und zentrale, digitale Ablagen ein wirtschaftlicheres Arbeiten ohne Papier ermöglichen.

ArchiveLink ermöglicht als Schnittstelle allen SAP Anwendungen den Zugriff auf digital abgelegte Dokumente an und ermöglicht so die automatische Integration von Dokumenten in SAP Anwendungen. Eingehende Dokumente, z. B. gescannte Rechnungen, werden mit einer eindeutigen ID versehen und so mit den entsprechenden Business-Objekten verknüpft. Hieraus ergibt sich ein vereinfachter Zugriff (z. B. über den Business Document Navigator (BDN)) und eine schnellere Bearbeitung der entsprechenden Dokumente.[2]

---

[2]Vgl. [Ste06, S. 117]

3. Alfresco - DMS

Im Bereich des Dokumentenmangements (DMSs) wurden in den vergangen Jahren diverse Anwendungen veröffentlicht, die unter Open Source-Lizenzen angeboten werden. Die Verwendung freier Software hat zwei entscheidende Vorteile. Zum einen besteht die Möglichkeit die Software an die eigenen Anforderungen und Bedürfnisse anzupassen, zum anderen kann das Investitionsvolumen gesenkt werden. Im Folgenden soll auf eines der führenden DMSe im Open Source-Bereich eingegangen werden: Alfresco.

3.1. Historie und Geschäftsmodell

Das Kerngebiet von Alfresco ist seit der Gründung das Dokumentenmanagement. Später kamen weitere Funktionalitäten und Sparten, wie Web Content Management, Records Management oder Collaboration hinzu. Neben diesen dokumentenbezogenen Produkten besteht noch ein eigenständiges Open Source-Projekt, welches sich mit Business Process Management (BPM) beschäftigt und hierfür eine Plattform namens „Activiti" bereitstellt. Im weiteren soll es nur um das DMS Alfresco v4 gehen.

Als Geschäftsmodell steht die Kombination von Open Source und Enterprise Support hinter Alfresco. Das System wird in zwei Varianten angeboten, als „Community Edition" und als „Enterprise Edition". Während erstere als freier Download zu Verfügung gestellt wird, ist die zweite Variante an Service-Verträgen gekoppelt, die auch Service Level Agreements (SLAs) beinhalten. Darüber hinaus entspricht die Enterprise Edition einem kommerziellen Produkt, welches sich beispielsweise durch eine höhere Skalierbarkeit und Verfügbarkeit auszeichnet.

3.2. Dokumentenmanagement

Der Begriff Dokumentenmanagement bezeichnet die Verwaltung elektronischer Dokumente und wird häufig auch mit Enterprise-Content-Management (ECM) gleichgesetzt. ECM bietet Hilfsmittel zu Erfassung und Verwaltung von Content und Dokumenten an, um so Geschäftsprozesse im Unternehmen zu unterstützen.

Zentraler Punkt hierbei ist die Datenhaltung, wobei weitere Features entwickelt wurden, welche sich auf die Zusammenarbeit, Versionisierung, Integration von Microsoft Office und weiteren Möglichkeiten stützen. Es soll eine einheitliche Plattform existieren, welche von fast jedem beliebigen Punkt aus erreichbar ist und alle Informationen ständig bereithält.

Der Schwerpunkt von Alfresco liegt im Bereich des Dokumentenmanagements. Durch die ständige Weiterentwicklung und den Support der Community entstand allerdings ein System, welches allen Anforderungen eines ECMs genügt. Durch die Integration des DMS in die Programmlandschaft von Alfresco wird Anwendern (z. B. eine Integration in Microsoft Office), Entwicklern (z. B. Automatisierungsregeln), aber auch Administratoren (z. B. ein integriertes Sicherheitskonzept) die Nutzung erleichtert.

3.3. Schnittstellen für die Dateiübertragung

Alfresco stellt vordefinierte, unterschiedliche Schnittstellen für die Dateiübertragung zur Verfügung. Mögliche integrierten Schnittstellen sind beispielsweise

- CIFS/SMB

- FTP

- WebDAV

- Web Script

Da auch weltweit anerkannte Protokolle wie das File Transfer Protocol (FTP) oder die Erweitung des HTTP-Protokolls Web-based Distributed Authoring and Versioning (WebDAV) unterstützt werden, garantiert dies eine hohe Kompatibilität zu anderen Anwendungen. Für das Szenario in *Alfresco HTTP Web Script* werden vor allem Web Skripte von Alfresco als Grundlage benutzt.

4. ArchiveLink HTTP Content Server

4.1. Definition und Begriffserklärung

Im Sprachgebrauch von SAP werden Begriffe im Gegensatz zum täglichen Sprachgebrauch teilweise mit anderen oder umfangreichen Semantiken verwendet. Die folgenden Definitionen sollen Klarheit schaffen, wobei lediglich auf für diese Bachelorarbeit relevanten Begriffe eingegangen wird.

Ein **Dokument** besteht aus **Verwaltungsdaten** und **Dokument!Content**.

Unter **Verwaltungsdaten** werden alle beschreibenden und identifizierenden Daten verstanden. **Content** umfasst eine in sich abgeschlossene Datenmenge, welche über die Verwaltungsdaten identifiziert und beschrieben wird. Genau eine in sich abgeschlossene Datenmenge wird als Content-Einheit bezeichnet.

Der Begriff **Content Server** ist im SAP-Verständnis ein beliebiger Server, der Content verwaltet [SAP01, S. 228]. Als Beispiel kann dies ein Fileserver, eine Datenbank oder SAP R/3 selbst sein.

Abbildung 1 stellt den Zusammenhang oben genannter Begriffe dar.

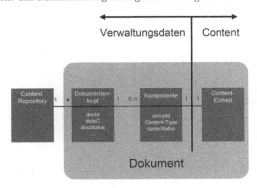

Abbildung 1: Definition eines Dokuments in SAP [SAP01, S. 238]

6

- Eine **Komponente** repräsentiert genau eine Content-Einheit und wird durch den Parameter compId identifiziert.

- Der **Dokumentenkopf** fasst mehrere Komponenten zusammen. Ein Dokumentenkopf ist genau einem Content Repository zugeordnet und wird durch den Parameter docId identifiziert.

- Ein **Content Repository** stellt einen logischen Ablageort von Dokumenten auf einem Content Server dar. Es können mehrere Content Repositories auf einem Content Server bestehen, die durch den Parameter contRep identifiziert werden.

Um auf einen Dokumentenkopf oder eine bestimmte Komponente zugreifen zu können, wird eine Kombination aus den jeweiligen Parametern gewählt. Ein Beispiel für den Zugriff auf eine Komponente ist contRep/docId/copmId.

4.2. Kommunikation

Die Kommunikation mit einem Ablagesystem findet über das HyperText-Transfer-Protokoll (HTTP) statt. SAP R/3 ist immer der Client und initiiert die Verbindung zum Content Server. Dieser ist immer der Server und baut von sich aus keine Verbindung zum R/3-System auf. Daten werden im Request- oder im Response-Body übertragen. Hierauf wird im weiteren Verlauf detailliert eingegangen.

Zugriffe (get, info, create) erfolgen über einen Uniform Ressource Locator (URL), der entsprechende Parameter beinhaltet.

4.3. Sicherheit und Rechte

Ein wichtiger Aspekt bei der Nutzung der HTTP Content Server Schnittstelle ist die Sicherheit und die Gewährleistung einer sicheren Datenübertragung. Im folgenden soll kurz auf die Sicherung der URL gegen inhaltliche Veränderung und auf Zugriffsrechte eingegangen werden. Weitere Schutzmaßnahmen sind beispielsweise über ein public/private key-Verfahren möglich.

4.3.1. secKey

Da die grundlegende Kommunikation zwischen SAP R/3 und dem Content Server über eine URL erfolgt, ist diese besonders schützenswert. Hierzu wurde ein weiterer Parameter in die Schnittstelle ArchiveLink implementiert, der die URL als solche gegen Verfälschen sichert, aber nicht verschlüsselt. Dieser so genannte secKey wird mit der URL übergeben und signiert immer mindestens folgende Parameter:

- contRep – Content Repository

- accessMode – Zugriffsart

- authId – Client-ID

- expiration – Ablaufzeitpunkt (UTC)

Das Content Repository contRep entspricht einem logischen Ablageort von Dokumenten in einem Content Server.

Der Parameter accessMode wird im Kapitel 4.3.2 genauer beschrieben.

Um einen Client eindeutig zu identifizieren, muss eine eindeutige ID als Wert zum Parameter authId übergeben werden.

Der Ablaufzeitpunkt wird im Parameter expiration als Coordinated Universal Time (UTC) im Format yyyymmddhhmmss übergeben. Sollte der angegebene Zeitpunkt bereits in der Vergangenheit liegen, muss der Server als Antwort den HTTP-Statuscode 401 schicken.

Sobald ein secKey angegeben wird, müssen mindestens auch diese vier Parameter mit übergeben werden. Weitere, optionale Parameter können auch signiert werden.

Der Client erzeugt aus den URL Parametern einen MD5 oder RIPEMD-160 Hash (Reihenfolge der Parameter relevant). Dieser wird durch den privaten Schlüssel des Clients nach Digital Signature Standard (DSS) signiert und durch das SAP SAP Secure Store & Forward (SSF) Modul nach PKCS-7 gespeichert. Übergeben wird die Signatur als Wert von secKey.

(Zugriffs-)Art	Abkürzung
lesen	r
anlegen	c
ändern	u
löschen	d

Tabelle 1: Zugriffsart und Abkürzung für Schutzwürdigkeit / Zugriffsrechte

Der Server geht in ähnlicher Weise vor, verifiziert aber mit den öffentlichen Schlüssel die Signatur und vergleicht den erhaltenen mit dem selbst berechnetem Hash-Wert. Stimmen beide Werte überein, wurde die URL während der Übertragung nicht geändert.

4.3.2. Schutzwürdigkeit / Zugriffsrechte

Beim Anlegen eines Dokuments wird der Grad der Schutzwürdigkeit festgelegt und gilt für alle Komponenten dieses Dokuments. Es muss am Content Server eine Default-Einstellung gewählt werden, die nur von den Funktionen `create` und `mCreate` überschrieben werden kann, wenn im Parameter `docProt` ein Wert übertragen wird. Über die Schutzwürdigkeit wird entschieden, ab wann eine URL bzw. ein Befehl zwingend signiert werden muss. In der Tabelle 1 sind die entsprechenden Abkürzungen aufgelistet.

Tabelle 2 stellt ein Beispiel zur Vergabe der Schutzwürdigkeit dar und bei welcher Zugriffsoperation ein `secKey` Voraussetzung ist.

Schutzwürdigkeit	Beschreibung
`docProt=`	keine Zugriffsbeschränkung
`docProt=cud`	Zum lesen muss kein `secKey` übergeben werden, für alle anderen Zugriffsoperationen muss dieser zwingend übergeben werden.

Tabelle 2: Beispiel für die Vergabe der Schutzwürdigkeit

Durch diese Technik kann ein Zugriff von einem fremden Client mit unsignierten URLs unterbunden werden. Somit bleibt nur der Weg über SAP R/3 und dessen Berechtigungskonzept.

9

Über dieses kann einzelnen Benutzern die Berechtigung weiter eingeschränkt werden. Der Parameter `accessMode` gibt an, welche Zugriffsoperation der aufrufende Client auf dem Dokument durchführen darf. Da der `accessMode` mit in die Signatur eingeschlossen wird, kann ein Benutzer diesen und somit die URL nicht mehr verändern, ohne dass der Content Server die URL zurückweist.

4.4. Syntaxbeschreibung

Der Abschnitt Syntaxbeschreibung soll einen Überblick über die formale Architektur der Syntax geben. Da sich einzelne Funktionen teilweise nur durch ein Wort unterscheiden, wird exemplarisch jeweils nur eine benötigte Funktion ausführlich beschrieben.

4.4.1. Allgemeine Hinweise

Im Folgenden soll die Funktion `create` als Beispiel für die möglichen Zugriffsfunktionen genauer betrachtet werden. Der Aufbau ist dabei wie folgt gegliedert:

- Wirkung – Die Funktion wird beschrieben

- Default – Standardwerte der optionalen Parameter

- Zugriffsart – Zugriffsart der Funktion

- Client → Server – Anfrage mit Parameter vom Client zum Server

- Server → Client – Struktur der Response auf die Anfrage

- Beispiel – Aufruf einer Funktion mit Parametern

Eine Übersicht über die Funktionen findet sich in der Tabelle 3 (S. 11). Ausführlich werden alle Funktionen in [SAP01, S. 252] beschrieben.

Alle Zugriffe über die HTTP Schnittstelle erfolgen durch das Aufrufen von URLs. Der Grundaufbau besteht aus dem Protokoll, dem Servernamen in Verbindung mit dem Port

Kommando	Wirkung	Zugriffsart
info	Abrufen von Information über das Dokument	r
get	Holen (eines Bereiches) einer Content-Einheit einer Komponente	r
docGet	Holen des gesamten Content eines Dokuments	r
create	Neuanlegen eines Dokumentes	c
mCreate	Neuanlegen mehrerer Dokumente	c
append	Anhängen von Daten an eine Content-Einheit	u
update	Modifizieren eines bestehenden Dokumentes	u
delete	Löschen eines Dokumentes bzw. einer Komponente	d
search	Suche eines Textmusters in einer Content-Einheit	r
attrSearch	Suche eines oder mehrerer Attribute innerhalb eines Dokuments (Suche innerhalb einer Druckliste)	r
putCert	Zertifikat des Clients (z.B. R/3-System) übergeben	-
serverInfo	Abrufen von Informationen zum Content Server und den entsprechenden Content Repositories	-

Tabelle 3: Übersicht über die Zugriffsfunktionen per HTTP-Request

und dem Skript oder Programm, welches schließlich die Daten verarbeitet, sowie diversen Kommandos und Parametern: `http://servername:port/script?command&parameters`

Die URL wird dabei wie folgt aufgebaut:

1. Zusammenstellen der URL mit den entsprechenden Werten für den Server, den Port, den Kommandos und den Parametern. Beispiel:
   `http://DMSServer:1080/content-script.dll?get&`
   `pVersion=0045&contRep=K1&docId=84A6EF234&`
   `accessMode=r&authId=efusis462&expiration=20120604143511`

2. Generierung des secKey aus den zu signierenden Parametern (siehe auch Tabelle 4). Die Punkte a bis c sollen den Ablauf anhand von Beispieldaten zeigen:

   a) Nötige Parameter bei **get**:
      ContRep = K1
      DocId = 84A6EF234
      AccessMode = r
      AuthId = efusis462
      Expiration = 20120604143511

11

b) Parameter ohne Trennzeichen zur Message zusammenfassen.

Beispiel:

K184A6EF234refusis46220120604143511

c) Aus der Nachricht einen Hash-Wert bilden und secKey berechnen.

Im Beispiel mit willkürlichen Werten:

secKey besitzt die Werte 0x30 0x12 0x86 0x19

3. Umwandlung des secKey von Binärdaten in ASCII-Zeichen.

Beispiel:

0x30 0x12 0x86 0x19 → MBKGGQ==

4. Kodierung der URL gemäß Einschränkungen Zeichensatz in der URL.

Beispiel:

MBKGGQ== → MBKGGQ%3D%3D

Die komplette URL inklusive secKey:

http://DMSServer:1080/content-script.dll?get&pVersion=0045&
contRep=K1&docId=84A6EF234&accessMode=r&authId=efusis462&
expiration=20120604143511&secKey=MBKGGQ%3D%3D

4.4.2. Syntax – create

Wirkung

Über die Zugriffsfunktion create wird ein Dokument mit einer oder mehreren Komponenten in das Content Repository abgelegt. Durch Angabe des Repositorys, der Dokumenten-ID und der Komponenten-ID wird die jeweilige Komponente eindeutig beschrieben. Diese Funktion wird ausschließlich zum Neuanlegen genutzt. Sollte eine Komponente bereits existieren, wird ein Fehler zurückgegeben. Zum Überschreiben wird die Funktion update, zum Erweitern wird die Funktion append verwendet.

Default

Die Erzeugung eines neuen Dokuments erfolgt mit der angegebenen `docId`. Es werden eine oder mehrere Komponenten in das Content Repository gestellt, als Standard wird die Schutzwürdigkeit des Servers verwendet.

Zugriffsart

Anlegen (create)

Client → Server

Mögliche Parameter werden in Tabelle 4 aufgeführt. Hier ist auch ersichtlich, welche Parameter signiert werden müssen.

Parameter	Angabe nötig	Defaultwert	Position	Signieren
contRep	zwingend		URL	✓
compId	zwingend		Body	
docId	zwingend		URL	✓
pVersion	zwingend		URL	
Content-Type	optional		Body	
charset	optional		Body	
version	optional		Body	
Content-Length	zwingend		Header-Body	
docProt	optional	Server-Einstellung	URL	✓
accessMode	wenn signiert, zwingend		URL	✓
authId	wenn signiert, zwingend		URL	✓
expiration	wenn signiert, zwingend		URL	✓
secKey	optional		URL	

Tabelle 4: Übersicht über Parameter bei **create** über POST

Die `Content-Length` bezeichnet im Request-Header die Gesamtlänge des Bodies, im Header jedes einzelnen Parts die Länge der einzelnen Content-Einheiten. Falls `docProt` nicht übergeben wird, verwendet der Server den Default-Wert. Soll keine Schutzwürdigkeit vorliegen, so muss `docProt=` übergeben werden.

13

HTTP-Statuscode	Bedeutung
201 (created)	OK, Dokument(e) abgelegt
400 (bad request)	Unbekannte Funktion oder unbekannte Parameter
401 (unauthorized)	Sicherheitsverletzung
403 (forbidden)	Dokument existiert bereits
500 (Internal Server Error)	Interner Fehler im Content Server

Tabelle 5: HTTP Statuscodes für `create` und deren Bedeutung

Bei der Übertragung mit HTTP-POST wird das Format `multipart/form-data` benutzt. Es lassen sich 0 bis n Komponenten übertragen.

Server → Client

Auf jeden Request antwortet der Server mit einem Response. Über den Status können eine erfolgreiche Ablage oder Hinweise zu einem Fehlverhalten zurückgegeben werden. Entsprechende Statuscodes für `create` sind in Tabelle 5 aufgelistet. Eine andere Zugriffsfunktion erzeugt unter Umständen andere Fehlercodes.

Die Zeitstempel der Erstellung, getrennt nach Uhrzeit (`timeC` für das Dokument und `compTimeC` für die jeweiligen Komponenten - beides HH:MM:SS) und Datum (`dateC` für das Dokument und `compDateC` für die jeweiligen Komponenten - beides YYYY-MM-DD) müssen vom Content Server gesetzt werden.

Beispiel

Es soll ein Dokument mit einer oder mehreren Komponenten übertragen werden. Dabei wird das Format `mulitpart/form-data` verwendet. In der URL werden die Informationen über das Dokument übertragen, während im Body ein oder mehrere Komponenten übertragen werden.

```
http://DMSServer:1080/content-script.dll?create&pVersion=0045&
contRep=K1&docId=84A6EF234
```

Der Aufbau des Headers sowie des Inhalts könnte sich wie folgt ergeben:

```
POST /...
...some more header information...
Content-Type: multipart/form-data;
```

14

```
boundary=A495ukjfasdfddrg4hztzu898aA0jklm
Content-Length: 32413

-A495ukjfasdfddrg4hztzu898aA0jklm
X-compId: data
Content-Type: application/msword; charset=ISO-8859-1; version=6
Content-Length: 4242
... 4242 Bytes Data ...
-A495ukjfasdfddrg4hztzu898aA0jklm-
```

Weiterführende Informationen zu HTTP POST sind u. a. in [MBW10, S. 263ff] zu finden.

5. Alfresco Web Script

Das Dokumentenmanagement System Alfresco stellt eine besondere Möglichkeit zum betreiben eines Webservices zu Verfügung. Zunächst wird in Web-Skripte eingeführt und grundlegende Voraussetzungen beschrieben. Ein typisches Beispiel 'Hello World' soll etwas tiefer auf einzelne Attribute und deren Funktionen eingehen. Im Anschluss soll auf die Verwendung und auf bereits bestehende Web-Skripte eingegangen werden.

5.1. Einführung

Alfresco lässt sich an individuelle Bedürfnisse anpassen. Um auch Anfragen in der Art von Uniform Resource Identifier (URI) verarbeiten zu können, wurden Web-Skripte entwickelt.

Ziel ist es, Dateien einfacher zu erreichen und zu verarbeiten. Standards und bekannte Protokolle wie HTTP, URIs und HTML sollen hierfür ausreichen, aber trotzdem eine Vielzahl an Möglichkeiten bieten.

Eine URI ist ähnlich aufgebaut wie eine URL. Sie besitzt einen Typ (häufig HTTP), eine Instanz (der Name des Servers und der entsprechende Port), einen Pfad sowie Parameter. Das folgende einfache Beispiel soll dies verdeutlichen:

```
http://content-host:9042/WebServices/upload?file=myDoc.txt
Typ |        Instanz      |      Pfad      | Parameter
```

Ein Web-Skript selbst ist ein einfacher Service, der an eine URI gebunden ist und mit HTTP-Methoden, wie z. B. GET, POST, PUT oder DELETE antwortet. Hierbei werden zwei Typen von Web-Skripten unterschieden:

- Presentation Web Scripts

- Data Web Scripts

Mit einem Presentation Web Script kann eine Oberfläche erzeugt und kontextabhängig gefüllt werden. Diese Skripte liegen entweder im Alfresco Repository Server selbst oder auf einem separatem Presentation Server und arbeiten dort mit Data Web Scripts auf Datenebene zusammen.

Für diese Arbeit sind die Data Web Scripts relevant, da diese den Zugriff und Änderungen des Inhalts und der Daten abbilden. Im Folgenden wird auf den Aufbau und die Verwendung eingegangen und durch ein kleines Beispiel veranschaulicht.

5.2. Aufbau von Web Scripts

Vor der Entwicklung eines Web Scripts müssen die Anforderungen über eine Anforderungsanalyse festgestellt und hieraus eine Definition des Services entwickelt werden. Eine entscheidende Rolle spielt hierbei der Name (`serviceID`) und die gewünschte HTTP Methode, da diese für das gesamt Script relevant ist. Die Struktur ist dabei folgendermaßen aufgebaut:

<serviceID>.<httpMethode>[.<format>][.<extension>].<filetyp>

Hierbei wiederholt sich der Hauptbestandteil `<serviceID>.<httpMethode>` immer wieder in den einzelnen Dateinamen auf.

Ein funktionelles Web Script besteht mindestens aus den folgenden Dateien:

- Description Document - beschreibende Datei
  Aufbau: <serviceID>.<httpMethode>.desc.xml

- Execute Script - ausführendes Skript
  Aufbau: <serviceID>.<httpMethode>.js

- Response Template - Aufbau der Rückmeldung
  Aufbau: <serviceID>.<httpMethode>.<format>[.<extension>].<filetyp>

Das *Description Document* beinhaltet beschreibende Informationen über das Web Script, wie z. B. ausgeschriebener Name, Beschreibung, Authentifizierung, Ausgabe und die akzeptierten URLs. Eine erweiterte Aufstellung ist unter A.2 (S. 40) zu finden.

Das *Execute Script* oder auch *Controller Script* wird häufig in JavaScript geschrieben und ist optional. Abfragen oder Änderungen im System sind nur in Verbindung mit solch einem Script möglich, weswegen es zu den grundlegenden Bestandteilen hinzugezählt wird. Ohne ein *Execute Script* sind nur begrenzt Möglichkeiten in der Dateiverwaltung bzw. dem Auslesen von Informationen gegeben. Über ein solches Skript wird auch das entsprechende Datenmodell erstellt, welches im Anschluss über ein *Response Template* ausgegeben wird.

Im *Response Template* werden die Strukturen für die spätere Ausgabe festgelegt. Als formale Sprache und System wird das auf Java basierende FreeMarker[3] eingesetzt. Es können verschiedene Templates angelegt werden, die über einen entsprechenden HTTP response code[4] aufgerufen werden. So wird abhängig vom response code je ein unterschiedliches Template geladen. Über die Angabe in der URL kann entschieden werden, welches Templateformat ausgewählt wird. Häufige Formate sind HTML oder XML, es ist aber auch beispielsweis ATOM[5] möglich.

Daneben existieren noch zwei weitere Dokumente, die ebenfalls als optional anzusehen sind.

- Configuration Document - Parameter bzw. Einstellungen
  Aufbau: `<serviceID>.<httpMethode>.config.xml`

- Local Bundle - pro Sprache eine Datei
  Aufbau: `<serviceID>.<httpMethode>[_<locale>].properties`

Um Einstellungen für ein bestimmtes Web Scipt speichern zu können, bietet sich das *Configuration Document* an. Hier lassen sich grundlegende Parameter und ihre entsprechenden Werte definieren, welche im gesamten Webscript abrufbar sind. Im Hello World Beispiel wird dies z.B. durch den verwendeten Gruß dargestellt.

Durch das *Local Bundle* oder auch *Message Bundle* wird die Möglichkeit geboten, Textbausteine in unterschiedlichen Sprachen bereit zu stellen. Hierfür wird zu jedem Textbaustein oder zu einzelnen Wörtern die äquivalente Übersetzung durch das Gleichheitszeichen getrennt gespeichert. Abhängig von der gewählten Sprache beim Login wird der

---

[3]weitere Informationen unter: freemarker.sourceforge.net
[4]als Beispiel: 404 - not found
[5]ATOM - Format um Webinhalte zu verbreiten und zu bearbeiten.

Text in dieser Sprache, sofern möglich, dargestellt. Falls eine entsprechende Sprache nicht verfügbar ist, wird automatisch die Default Datei `<serviceID>.<httpMethode>.properties` ohne die Erweiterung verwendet. Die optionale Erweiterung `[_<locale>]` bezieht sich auf den ISO Standard 639-1[6]. Es lässt sich auch zusätzlich die Länderkennung sowie eine beliebige Kennung, meist ein Browser-spezifischer Code, anhängen, wobei beide optional sind.

5.3. Beispiel Hello World

Im Folgenden soll die Verwendung von Alfresco Web Scripts anhand eines kurzen Beispiels verdeutlicht werden. Es sollen die zuvor beschriebenen Dateien verwendet und mögliche Einstellungen aufgezeigt werden. Am Ende des Beispiels wird das Script im Browser aufgerufen. Über die URL wird ein Name als Parameter übergeben, der dann den eingeloggten Benutzer begrüßt. Zudem wird die aktuelle Uhrzeit ausgegeben. Als Präfix `<serviceID>.<httpMethode>` wird `helloworld.get` zum Einsatz kommen.

5.3.1. Einführende Informationen

Web Scripte werden direkt auf dem Alfresco Server gespeichert. Hierzu bestehen bereits vordefinierte Verzeichnisse. Es können zur besseren Übersicht Unterordner erstellt werden. Sobald alle nötigen Dateien abgelegt wurden, muss das Web Script erkannt und zur Verfügung gestellt werden, bevor es anschließend ausgeführt werden kann. Die Ausführung wird über das so genannte *Web Scripts Home* und *Refresh Web Scripts* durchgeführt und ist nach jeder Änderung notwendig. Im Anschluss daran steht das Web Script zur Verfügung.

5.3.2. Übersicht der verwendeten Dateien

Um das Beispiel ausführen zu können, werden die folgenden Dateien benötigt. Zum Teil sind auch Erweiterungen integriert, um die Unterschiede ersichtlich zu machen.

---

[6]Definiert die Kennungen für Namen von Sprachen (Sprachcodes). In diesem Teil des Standards auf zwei Buchstaben

- helloworld.get.desc.xml - Description Document

- helloworld.get.js - Controller Script

- helloworld.get.html.ftl - Response Template

- helloworld.get.html.400.ftl - Response Template

- helloworld.get.xml.ftl - Response Template

- helloworld.get.config.xml - Configuration Document

- helloworld.get_de.properties - Local Bundle

Es soll nun der Aufbau jeder Datei und deren nötigen Parameter beschrieben werden. Weitere Informationen über dieses Beispiel sind unter [Alf12b] und alle weiteren Attribute unter [Alf12a] zu finden.

5.3.3. helloworld.get.desc.xml - Description Document

In einem *Description Document* wird das Web Script genauer beschrieben. Hierzu gehören grundlegende Informationen wie der Name, eine Beschreibung aber auch der grundlegende Aufbau der URL.

```
1  <webscript>
2    <shortname>Hello World</shortname>
3    <description>Greet a user</description>
4    <url>/helloworld?to={name?}</url>
5    <url>/hello/world?to={name?}</url>
6    <url>/hello/{var}/world?to={name?}</url>
7    <format default="html">extension</format>
8    <authentication>user</authentication>
9  </webscript>
```

Listing 1: helloworld.get.desc.xml

Wie man an diesem Beispiel erkennen kann, können sich diverse Attribute wiederholen. Durch die Mehrfachangabe der URL kann dieses Beispiel auf unterschiedlichen Wegen aufgerufen werden. Es wird ein URL Template angegeben, welches Variablen in den

Adressen zulässt, die später verarbeitet werden können. Im `format` wird definiert, wie die Seite nach dem Aufruf zurück gegeben wird. Hierbei kann zwischen drei Typen unterschieden werden:

- argument - wird mit übergeben, Bsp.: `/helloworld?to=Daniel&format=xml`

- extension - wird durch den Aufruf bestimmt, Bsp.: `/helloworld.xml?to=Daniel`

- any - eines von beiden kann verwendet werden

Für jedes Web Script kann gewählt werden, ob und in welchem Grad eine Authentifizierung stattfinden muss. Es können folgende Möglichkeiten gewählt werden:

- none: Es wird keine Authentifizierung gefordert

- guest: Es muss mindestens ein User mit der Berechtigung Gast benutzt werden

- user: Es muss mindestens ein User mit der Berechtigung Benutzer benutzt werden

- admin: Es muss mindestens ein User mit der Berechtigung Administrator benutzt werden

Daneben wird auch die HTTP-Authentifizierung angeboten. Hierzu kann sich ein Browser oder ein anderes Client-Programm gegenüber dem Server authentisieren.

Neben den genannten Optionen bestehen noch eine Reihe weiterer Möglichkeiten, die Beschreibung eines Web Scripts genauer durchzuführen. Da dieses Beispiel einfach gehalten werden soll, wird auf eine ausführliche Auflistung verzichtet. Diese kann unter [Alf12b, Advanced Description Options] nachgeschlagen werden.

5.3.4. helloworld.get.js - Controller Script

Um den individuellen Anforderungen der Anwender gerecht zu werden, kann JavaScript Code ausgeführt werden. Diese Programmteile werden im *Controller Script* abgespeichert. Hiermit besteht auch die Möglichkeit, Anfragen oder Änderungen gegenüber dem System durchzuführen.

```
1  if (argsM.to != null && argsM.to.length > 1)
2  {
3    status.code = 400;
4    status.message = "Can only greet one person at a time.";
5    status.redirect = true;
6  }
7  else
8  {
9    model.toWho = (args.to != null) ? args.to : person.properties.userName;
10   var s = new XML(config.script);
11   model.fromWho = person.properties[s.fromproperty];
12 }
```

Listing 2: helloworld.get.js

Im HelloWorld Beispiel wird überprüft, ob mehr als nur ein Name mit to=name? übergeben wird. Ist dies der Fall wird der Status auf 400 gesetzt und eine Nachricht gespeichert. Über diesen Status wird durch den Aufruf redirect in Zeile 5 das entsprechende Template gesucht und aufgerufen. In Zeile 9 wird überprüft, ob überhaupt ein Name übergeben worden ist. Falls nicht, wird automatisch der angemeldete User gespeichert, sonst wird der übergebene Name gespeichert. Im nächsten Schritt wird die Skript-Konfiguration geladen und anhand dieser der userName (siehe 5.3.6) ausgelesen und gespeichert.

5.3.5. helloworld.get.html.ftl - Response Template

Das *Response Template* ist eine dynamisch erstellte HTML-Antwort auf die HTTP-Anfrage. Je nach Status werden unterschiedliche Vorlagen verwendet. Die Templates werden durch FreeMarker gerendert.

```
1  <body>
2    At ${date?datetime}, ${person.properties.userName} says hello to ${
       toWho?html}
3    At ${date?datetime}, ${fromWho?html} says ${config.script.helloworld.
       greeting?html} to ${toWho?html}
4    ${msg("at")} ${date?datetime}, ${fromWho?html} ${msg("says")} ${msg("
       greeting." + config.script.helloworld.greeting)} ${msg("to")} ${
       toWho?html}
5  </body>
```

Listing 3: helloworld.get.html.ftl

Zeile 2 gibt das ursprüngliches einfache Beispiel wieder. Im Vergleich dazu wird in Zeile 3 unterschiedlich auf den Wert der sendenden Person, welche eingeloggt ist, zugegriffen. Der verwendete Zugriff über `${fromWho?html}` bezieht sich auf ein Objekt, welches durch das Controller Script erzeugt worden ist. In Zeile 4 wurde die Erweiterung zur Mehrsprachigkeit durch den Aufruf von `msg()` verdeutlicht. Hierbei werden alle Satzteile durch Abfragen ersetzt. In der Datei `helloworld.get_de.properties` (5.3.7) wird die Verbindung zwischen den Variablen und den entsprechenden Übersetzungen ersichtlich. Durch die Trennung in Template und Daten entsteht eine Vielzahl an Möglichkeiten dynamische Antworten zu generieren.

5.3.6. helloworld.get.config.xml - Configuration Document

Die grundlegenden Einstellungen werden in einem *Configuration Document* gespeichert. Diese Vorgaben können vom gesamten Web Script abgefragt und verwendet werden. Um eine hohe Individualität und trotzdem einfache Lesbarkeit zu gewährleisten, wurde XML als Sprache gewählt.

```
1  <helloworld>
2    <greeting>hello</greeting>
3    <fromproperty>userName</fromproperty>
4  </helloworld>
```

Listing 4: helloworld.get.config.xml

Zeile 2 im Listing 4 legt in diesem Fall fest, wie die Begrüßung in `helloworld` lauten soll. Dies wird in Listing 3 in Zeile 5 aufgerufen.

```
1  [...] ${config.script.helloworld.greeting?html} [...]
```

Listing 5: helloworld.get.js

Über diesen Befehl wird die Konfiguration des aktuellen Scripts gelesen und die Begrüßung im Zweig `helloworld` verwendet. Es lassen sich beliebig viele weitere Werte speichern, um später eine schnellere Änderung und Anpassung gewährleisten zu können.

23

5.3.7. helloworld.get_de.properties - Local Bundle

Damit nicht jedes Template in mehreren Sprachen vorliegen muss, können alle Satzbausteine ausgelagert in einem *Local Bundle* vorliegen. Der Aufbau dieser ist einfach strukturiert. Es genügt eine einfache Textdatei, in der die verwendete Sprache zu der Übersetzung durch ein Gleichheitszeichen abgetrennt wird.

```
1  says=sagte
2  to=zu
3  greeting.hello=hallo
4  greeting.howdy=hey
```

Listing 6: helloworld.get_de.properties

In den Zeilen 1 bis 3 wird der Aufbau für einfache Textbausteine ersichtlich. Es bietet sich an, den Variablennamen und das entsprechende englische Wort identisch zu benennen. So lässt sich das *Response Template* (siehe Zeile 6 in 5.3.5) immer noch sehr einfach lesen, obwohl nicht feststeht, welche Sprache später verwendet wird. Da sich in der Konfiguration die Art der Begrüßung ändern kann (in diesem Beispiel von `hello` zu `howdy`), sollte auch hierfür eine Übersetzung angeboten werden. In diesem Fall genügt es die Bezeichnung aus dem *Configuration Document* zu verwenden und die entsprechende Begrüßung einzusetzen.

5.3.8. Abschließende Informationen zu dem Beispiel

Dieses Web Script war ein sehr einfaches Beispiel und sollte nur den grundlegenden Aufbau sowie eine Einführung darstellen. Es existieren noch eine Reihe weiterer Attribute und Dateien, die hier nicht im Einzelnen aufgeführt worden sind. Eine umfassende Dokumentation ist unter [Alf12a] zu finden.

5.4. Verwendung von Web Script

Auch in der Community Version beinhaltet Alfresco schon zahlreiche Web-Skripte. Diese können als Grundlage für eigene Anpassungen benutzt oder komplett implementiert werden. Im Gegensatz zu obigem Beispiel sollen nun zwei weitere Beispiele etwas mehr an Möglichkeiten aufzeigen.

5.4.1. Ordner anzeigen - auch per RSS abrufbar

Das Web Script *Folder Browse* zeigt abhängig von der aufgerufenen URL den entsprechenden Ordner als Hyperlink an, wobei der Pfad, ausgehend vom Rootverzeichnis auf dem Server, als Teil der URL übergeben wird.

`GET /alfresco/service/sample/folder/{path}`

In der Beschreibung des Web Scripts wird die Variable `path` als Teil der URL deklariert. Somit kann über diese Variable ein Teil der URL abgefragt werden. Alle weiteren Parameter sind vergleichbar mit dem Beispiel *HelloWorld*.

```
1  <webscript>
2    <shortname>Folder Listing Sample</shortname>
3    <description>Sample demonstrating the listing of folder contents</
         description>
4    <url>/sample/folder/{path}</url>
5    <format default="html">argument</format>
6    <authentication>guest</authentication>
7    <transaction>required</transaction>
8  </webscript>
```
Listing 7: Ordner anzeigen - folder.get.desc.xml

Im verwendeten Skript wird die Erweiterung der URL (an der Stelle von `path`) dahingehend überprüft, ob es sich um einen Ordner handelt. Sollte dies nicht der Fall sein, so wird die Standard-Fehlerseite mit dem Fehler 404 angezeigt. Für den Fall, dass der Order existiert, wird dieser an das root-Objekt `model` angehängt.

```
1  var folder = roothome.childByNamePath(url.extension); if (folder ==
        undefined || !folder.isContainer) {
2    status.code = 404;
3    status.message = "Folder " + url.extension + " not found.";
4    status.redirect = true;
5  }
6  model.folder = folder;
```
Listing 8: Ordner anzeigen - folder.get.js

Das `model` root Objekt wird durch das Web Script Framework bereitgestellt. Alle angehängten Variablen können im Response Template ausgelesen werden.

Das entsprechende Response Template wird als Vorlage für die Ausgabe verwendet und stellt ein Rahmenmodell dar, welches sich dynamisch an die Voraussetzungen (in diesem Beispiel die Anzahl an Ordner) anpasst. Über das zuvor angehängte **folder**-Objekt kann nun z. B. auf den Pfad oder den Namen zugegriffen werden.

```
1   <html>
2     <head>
3       <title>${folder.displayPath}/${folder.name}</title>
4     </head>
5     <body>
6       Folder: ${folder.displayPath}/${folder.name}
7       <br>
8       <table>
9       <#if folder.parent.parent?exists>
10        <tr>
11          <td><td><a href="${url.serviceContext}/sample/folder<@encodepath
                node=folder.parent/>">..</a>
12        </tr>
13        </#if>
14      <#list folder.children as child>
15        <tr>
16          <#if child.isContainer>
17          <td>><td><a href="${url.serviceContext}/sample/folder<
                @encodepath node=child/>">${child.name}</a>
18          <#else>
19          <td><td><a href="${url.serviceContext}/api/node/content/${child.
                nodeRef.storeRef.protocol}/${child.nodeRef.storeRef.
                identifier}/${child.nodeRef.id}/${child.name?url}">${child.
                name}</a>
20          </#if>
21        </tr>
22      </#list>
23      </table>
24    </body>
25  </html>
```

Listing 9: Ordner anzeigen - folder.get.html.ftl

Die erste Zeile in der Ausgabe wird durch die Zeile 6 im Quelltext generiert. Es wird standardmäßig **Folder:** ausgegeben, gefolgt vom aktuellen Pfad. Wie in der Abbildung 2 ersichtlich, entspricht dies der Ausgabe: **Folder: /Firmen-Home/DT/Service**. In Zeile 9 wird überprüft, ob der übergeordnete Ordner existiert. Falls dem so ist, werden an erster Stelle zwei Punkte angezeigt, womit sich der Benutzer wie im Midnight Commander eine

Ebene höher anzeigen lassen kann. In Zeile 14 wird eine Liste durchlaufen, welche alle Kindelement beinhaltet. Dies ist vergleichbar mit der in Java existierenden `foreach` Schleife. Eine innere `if` Abfrage überprüft, ob es sich beim aktuellen Kind um einen Ordner oder um eine Datei handelt. Sollte es sich um einen Ordner handeln, wird in der ersten Zelle ein > vor dem Ordnernamen angezeigt. Im Gegensatz dazu wird bei einer Datei die erste Zelle leer gelassen und nur der Name der Datei angezeigt.

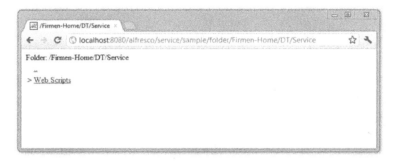

Abbildung 2: Beispielhafte Ausgabe des Web Scripts *Folder Browse*

Um auch eine Ausgabe über ATOM[7] zu ermöglichen, muss ein weiteres Response Template angegeben werden. Der Aufbau unterscheidet in der grundsätzlichen Struktur von HTML und XML, aber nur gering in der Benutzung gegenüber der einzelnen Objekte des Alfresco Web Skripts. Aus diesem Grund wird hierauf auch nicht weiter eingegangen. Das komplette Template ist im Anhang unter A.3 abgedruckt.

5.4.2. Datei hochladen

Ein weiteres Beispiel bietet der *File Upload* über Web Services. In diesem Fall soll eine Datei ausgewählt, mit einem Titel und einer Beschreibung versehen und anschließend hochgeladen werden. Der Aufbau ist dem vorherigen Beispiel ähnlich, mit dem Unterschied, dass nach dem Upload ein anderes Template geladen wird als beim ursprünglichen Aufruf der URL. Beim Aufruf müssen keine Parameter übergeben werden, es werden alle

---

[7]Nachfolgestandard zu Really Simple Syndication (RSS), ermöglicht eine einfach Veröffentlichung von Änderungen auf Websites

nötigen Informationen in diesem Beispiel direkt durch die Webseite abgefragt.

```
GET /alfresco/service/sample/upload/
```

Nach dem Aufrufen der Adresse wird ein Formular angezeigt, welches einen Button zum Öffnen einer Datei und zwei leere Input-Felder enthält. Zum Absenden des Formulars wird am Ende ein *Upload* Button eingefügt. Dies ist ein Frontend für Benutzer, über das Dateien hochgeladen werden können. Als Grundlage kann das Web Script auch ohne dieses Formular arbeiten, es müssen lediglich alle Parameter im POST übergeben werden. Diese werden vom Script verarbeitet und eine entsprechende Antwort verschickt.

Für das Frontend liegt ein Response Template vor, woraus der HTML Quelltext erstellt wird. Über eine Tabelle wird ein Formular ausgerichtet, welches aus den oben genannten Elementen besteht. Als verarbeitende URL wird die aktuelle Position verwendet, wobei sich das Script dann an gleicher Stelle befinden muss.

Abbildung 3: Beispielhafte Ausgabe des Web Scripts *File Upload*

Das Template wird nach dem Laden der entsprechenden Daten im Browser wie in Abbildung 3 dargestellt. Der Titel und die Beschreibung werden mit der Datei gespeichert und können später über die Ausgabe von Alfresco dargestellt bzw. abgerufen werden. Im Template werden über Variablen (Beispielsweise in Zeile 8 für das Attribut `action`) bestimmte Werte abgefragt und beim öffnen der Seite entsprechend eingefügt.

```
1  <html>
2    <head>
3      <title>Upload Web Script Sample</title>
4    </head>
```

28

```
5   <body>
6    <p>
7    <table>
8      <form action="${url.service}" method="post" enctype="multipart/form-
         data" accept-charset="utf-8">
9        <tr><td>File:</td><td><input type="file" name="file"></td></tr>
10       <tr><td>Title:</td><td><input name="title"></td></tr>
11       <tr><td>Description:</td><td><input name="desc"></td></tr>
12       <tr><td></td></tr>
13       <tr><td><input type="submit" name="submit" value="Upload"></td></
         tr>
14     </form>
15    </table>
16   </body>
17  </html>
```

Listing 10: Datei hochladen - upload.get.html.ftl

Der Button *Upload* startet das eigentliche Upload Script. Über eine foreach-Schleife werden alle nötigen Parameter ausgelesen und in lokale Variablen gespeichert. Die Variable `field.name` entspricht dem Key und gibt Auskunft über den Inhalt von `field`. Der Zugriff auf den Value wird über IF-Abfragen dem Key entsprechend durchgeführt. Die jeweiligen Werte werden in den dazugehörigen Variablen gespeichert (Zeilen 6 bis 14). Bevor die eigentliche Datei auf dem Server angelegt werden kann, muss überprüft werden, ob auch wirklich eine Datei übergeben worden ist. Dies wird ab Zeile 16 geprüft. Sollte dies nicht zutreffen, wird der Fehlercode 400 gesetzt, eine Meldung gespeichert und durch die Weiterleitung (Zeile 20) ausgegeben. Ansonsten wird eine neue Datei im Firmenverzeichnis angelegt. Diese erhält einen Dateinamen und bekommt die Werte für den Titel sowie die Bezeichnung zugewiesen.

```
1   var filename = null;
2   var content = null;
3   var title = "";
4   var description = "";
5
6   for each (field in formdata.fields)
7   {
8     if (field.name == "title") { title = field.value; }
9     else if (field.name == "desc") { description = field.value; }
10    else if (field.name == "file" && field.isFile) {
11      filename = field.filename;
12      content = field.content;
13    }
```

```
14 }
15
16 if (filename == undefined || content == undefined)
17 {
18   status.code = 400;
19   status.message = "Uploaded file cannot be located in request";
20   status.redirect = true;
21 }
22 else
23 {
24   upload = companyhome.createFile("upload" + companyhome.children.length
          + "_" + filename) ;
25
26   upload.properties.content.write(content);
27   upload.properties.content.setEncoding("UTF-8");
28   upload.properties.content.guessMimetype(filename);
29
30   upload.properties.title = title;
31   upload.properties.description = description;
32   upload.save();
33
34   model.upload = upload;
35 }
```

Listing 11: Datei hochladen - upload.get.js

Sobald das Script erfolgreich beendet worden ist, wird das Response Template für POST aufgerufen. Hierbei wird die hochgeladene Datei mit Name und Link, sowie Größe dargestellt.

```
1 <body>
2   <p>Upload Web Script Sample</p>
3   <p>Uploaded <a href="${url.serviceContext}/sample/folder${upload.
       displayPath}">${upload.name}</a> of size ${upload.properties.
       content.size}.</p>
4 </body>
```

Listing 12: Datei hochladen - upload.post.html.ftl

Eine mögliche Ausgabe stellt Abbildung 4 dar. Der Link auf die Datei wird zur Laufzeit generiert und besitzt somit immer den richtigen Verweis. Als Information wird auch die Größe der Datei angezeigt.

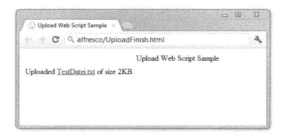

Abbildung 4: Beispielhafte Antwort des Web Scripts *File Upload*

5.5. Zusammenfassung zu Web Script

In der Einführung wurden die Eckdaten und die Gründe aufgeführt, warum sich Web-Skripte entwickelt haben. Ein einführendes Beispiel „Hello World" sollte darstellen, wie einfach ein Web Script sein kann und aus welchen Bestandteilen es sich zusammensetzt. Zwei nachfolgende Beispiele stellten weitere Möglichkeiten in Verbindung mit Ordnern und Dateien dar. Hierbei sind allerdings noch nicht alle Grenzen erreicht. Über das Datenmodell von FreeMaker können noch mehr dynamische Änderungen und Anpassungen erreicht werden, über die Root Objekte von Alfresco und JavaScript kann tiefergehend im Datenverzeichnis gearbeitet werden und es können Routinen für Fehler integriert werden.

6. Mögliche Szenarien

In diesem Abschnitt werden mögliche Verknüpfungen zwischen SAP ArchiveLink und einem DMS, in diesem Fall Alfresco aufgezeigt. Hierbei wird auf drei verschiedene Szenarien eingeangen und diese kurz dargestellt: Eine mögliche Lösung über einen eigenen Server bzw. Dienst, der die Steuerung der Dokumente vornimmt, eine kommerzielle Lösung über ein Framework und ein Add-On-Baustein, sowie eine Integration mit Web Scripte von Alfresco.

6.1. Dokumenten GenCache

Eine mögliche Auswahl zu den nachfolgenden Möglichkeiten Web Script und KGS Framework besteht in der Entwicklung einer eigenen Schnittstelle bzw. eines eigenen Servers, der als Zwischenspeicher für Dokumente dient. Die Aufgaben könnten hierbei breit gefächert sein:

- Dokumente empfangen

- Informationen über das Dokument abspeichern

- Metainformationen empfangen und speichern

- Komponenten gesammelt mit Dokumenten verknüpfen

- fertiges Dokument an Alfresco weiterleiten

- Metainformationen in Alfresco schreiben

- ...

Dabei könnte eine Eingliederung in das Umfeld SAP / Alfresco, wie in Abbildung 5 gezeigt, stattfinden.

Die oben genannten Aufgaben sind nicht umfassend und abschließend, sondern sollen lediglich einen kleinen Ausschnitt an Möglichkeiten aufzeigen. Weitere Funktionen können abhängig von den Anforderungen implementiert werden. Eine Verbindung zwischen SAP

Abbildung 5: Eingliederung eines GenCaches im Umfeld

und Alfresco muss sich nicht negativ auf die Sicherheit oder die Performance auswirken. Im Gegenteil kann sich dies durchaus positiv auswirken. So kann beispielsweise durch eine einfach aufgebaute Struktur ein Dokument schneller gefunden werden, da die Konzentration nur auf das wesentliche reduziert wird. Probleme bei der Entwicklung und der Wartung eines solchen Dienstes müssen bei einem Vergleich mit Angeboten fertiger Lösungen von Systemhäusern mit einbezogen werden.

Es bestehen auch für einen solchen Ansatz eines eigenständigen Servers ähnliche Vorgaben, Probleme und Anforderungen wie bei Alfresco Web Script im folgenden Kapitelabschnitt. Vorteile können sich allerdings durch eine leichtere Implementierung ergeben, da keine Vorgaben bzgl. einer Programmiersprache oder der Umsetzung der Anfordungen bestehen. Lediglich die Kommunikation muss über entsprechende Protokolle ablaufen, welche aber durch einen hohen Standardisierungsgrad leicht eingebettet werden können. Weitere Anforderungen an die Kommunikation mit SAP lassen sich über die Dokumentation festhalten und entsprechend abbilden.

Dem gegenüber stehen allerdings auch entsprechende Schwierigkeiten bei der Weiterentwicklung und Wartung des Servers. Aktualisierte Versionen seitens SAP oder Alfresco können große Änderungen nach sich ziehen, welche nicht immer im Voraus ersichtlich sind. Desweiteren ist es wichtig, entsprechend Personal zur Überwachung und Pflege vorzuhalten um schnell auf Auffälligkeiten reagieren zu können.

Der Lösungsansatz eines eigenen Servers/Dienstes klingt im ersten Moment verlockend, doch bei genauerer Betrachtung ergeben sich Probleme bei der Wartung und der Umsetzung, die für die meisten Unternehmen keinen eigenen Server rechtfertigen. Grunsätzlich lässt sich zusammenfassen, dass die Entwicklung und der Betrieb eines eigenständigen Servers in den meisten Fällen nicht wirtschaftlich ist. Als Alternative für spezialisierte

Anwendungsfälle, in denen die Dokumente z. B. ein Attribut aus einem LDAP Server zugewiesen bekommen würde sich trotzdem ein eigener Server anbieten. Dieser würde mehr Freiheiten und eine individuellere Anpassung an die eigenen Bedürfnisse anbieten.

6.2. Alfresco HTTP Web Script

In Kapitel 5 wurden bereits die Grundbestandteile eines Alfresco Web Scripts dargelegt und erklärt. SAP bietet mit ArchiveLink und dem HTTP ContentServer eine Möglichkeit, Dokumente über Web Script an Alfresco weiter zu leiten. Hierbei ergeben sich aber weitere Fragestellungen und Probleme, die berücksichtigt werden müssen.

Als Protokoll würde HTTP mit den entsprechenden Methoden POST und GET verwendet werden, wobei im POST Body hauptsächlich Daten übertragen werden, welche z. B. zum Erstellen eines Dokuments oder einer Komponente notwendig sind. Da die enthaltenden Attribute nicht immer gleich sind, muss eine Fallunterscheidung für unterschiedliche Anfragen durchgeführt werden oder jede einzelne Möglichkeit getrennt implementiert werden. Größenbegrenzungen bei der Übertragung von Dokumenten sollten im Vorfeld an SAP Vorgaben angepasst werden. Über GET-Anfragen werden nur Abfragen über ein Dokument durchgeführt. Die übergebenen Parameter müssen ausgewertet und abhängig von ihren Werten weiter verarbeitet werden. Diese Abfragen können Informationen einholen, aber auch einen Löschbefehl absetzen. Der Server antwortet mit entsprechendem HTTP-Statuscode auf die Anfrage. Dies muss bei einer Implementierung berücksichtigt werden, um SAP auf mögliche Probleme hinweisen zu können. Es werden zu meist Standardcodes mit leicht abgewandelter Beschreibung verwendet.

Bei der Verarbeitung von Dokumenten im betrieblichen Umfeld muss die Sicherheit auch bei der Dokumentenablage gewährleistet sein. Kritische Faktoren wie die erste Nachricht vom Client (SAP) zum Server (Alfresco) müssen gegen eine mögliche Änderung geschützt werden. Dabei ist auch die Verbindung zwischen den Beteiligten mit entsprechenden Sicherheitsmaßnahmen gegen unbefugte Änderung abzuschirmen. Weitere Schwachstellen können durch falsche Konfiguration des Webservers für Alfresco auftreten. Hierbei müssen entsprechende Regeln in Bezug auf die Wartung und Überprüfung aufgestellt und auf deren Einhaltung geachtet werden. Vorgaben aus SAP müssen auch im Web Script abgebildet werden, als Beispiel sei hier der secKey aufgeführt. Diese Schutzeinrichtungen müssen bei der Verarbeitung von Anfragen, aber auch beim Empfang von Informationen berücksichtigt werden. Desweiteren sind auch die sicherheitsrechtlichen Aspekte der Dokumente selbst zu berücksichtigen. Personenbezogene Daten sind besonders schützenswert und müssen dementsprechend verarbeitet werden.

Um einen reibungslosen Betrieb gewährleisten zu können, müssen entsprechend geschulte Mitarbeiter die Abläufe überwachen und notfalls eingreifen. Eine genaue Planung und das Wissen über die Anforderungen sind Grundlage für eine erfolgreiche Umsetzung in Alfresco Web Script. Die Anforderungen von SAP müssen dabei berücksichtigt und um Anforderungen aus dem Unternehmen erweitert werden.

Eine individuelle Lösung bietet durchschlagende Vorteile. Es lassen sich Unternehmensvorgaben, aber auch Spezifikationen umsetzten und entsprechend dem Lebenszyklus von Geschäftsprozessen anpassen. Durch die flexible Anpassung kann auch die Performance optimiert werden, da bereits bei der Planung von Abläufen auf eine optimale Reihenfolge der Schritte geachtet werden kann. Dies führt langfristig zu sinkenden Kosten und einer höheren Performance.

Die Anforderungen an eine Schnittstelle bzw. ein System dieser Art können sehr hoch sein und über die Zeit immer weiter wachsen. Wenn hier kein entsprechendes Know-How im Unternehmen verfügbar ist und Projekte nicht richtig vorangetrieben werden, können dadurch nicht unerhebliche Kosten entstehen. Die Entwicklung beansprucht entsprechend Arbeitszeit und muss gegebenenfalls bei einer Versionsänderung wieder mit einkalkuliert werden. Potentielle Sicherheitsrisiken können nicht immer über das eigene Personal gefunden und gemindert werden, sondern benötigen Unterstützung durch externe Mitarbeiter oder Systemhäuser, welche sich auf diesem Gebiet spezialisiert haben.

Eine Eigenentwicklung von Alfreso Web Script für die Verarbeitung und Verbindung von SAP mit Alfresco bietet ein enormes Potential für das Unternehmen. Die individuelle Anpassung an Vorgaben, z. B. verteilung von Dokumenten mit ähnlichem Inhalt, lässt sich nach eigenen Anforderungen implementieren. Der Verwaltungs- und Pflegeaufwand muss aber bei der Planung beachtet werden. Im Betrieb treten weitere Kosten für Wartung und Änderungen aufgrund von Updates auf, welche bereits am Anfang mit einberechnet werden müssen. Es überwiegen die Probleme und Fragestellungen, was gegen den Einsatz von Web-Skript spricht. Es kann aber trotzdem Anforderungen oder Problemfälle geben, die durch Web Scripte schnell, sauber und einfach umzusetzen sind. Dies sind aber Einzelentscheidungen und benötigen einer genauen Prüfung.

6.3. Framework mit Add-On Baustein

Das Potential einer Kombination zwischen Alfresco und SAP ArchiveLink wurde auch von diversen Systemhäusern erkannt. Diese entwickelten Add-Ons oder Frameworks um eine Kopplung zwischen Alfresco und SAP zu ermöglichen. Ein Beispiel hierfür sind die Firmen *fme* und *KGS*.

6.3.1. KGS SAPALINK Interface

KGS bietet im Bereich SAP-Archivierung und Dokumentenmanagement Produkte für die Arbeit mit SAP und Dokumenten an. Das entsprechende Framework für SAP ArchiveLink wird unter dem Namen *KGS SAP ArchiveLink Interface - KGS SAPALINK* vertrieben und kapselt dabei die ArchiveLink Schnittstelle vollständig. So muss das entsprechende DMS nur noch drei Funktionen (lesen, schreiben und suchen) bereitstellen. Die Integration wird über Java Klassen und Methoden umgesetzt.

Das *KGS SAPALINK* ist eine Schnittstelle zwischen SAP ArchiveLink und einem DMS. Der Vorteil hierbei ist, dass alle Funktionen gekapselt werden und der komplette Datentransfer hierüber läuft. Es werden alle SAP-Spezifikationen berücksichtigt, welche für den Anbieter des entsprechenden DMS-Systems eine Erleichterung darstellen, da dieser keinerlei Wissen über SAP haben muss.

Der SAPALINK ist aufgeteilt in zwei Teile:

- SAPALINK.java

- SAPALINK.dll

Über die Windows-DLL SAPALINK.dll werden alle Funktionen abgebildet, welche über SAP ArchiveLink, HTTP ContentServer und über das Senden von Barcodes an SAP ermöglicht werden. Die Java-Klasse SAPALINK.java bietet die Möglichkeit, SDK Funktionen über den HTTP ContentServer zu implementieren, wobei hier alles auf Java basiert.

Die Funktionen in der Java-Klasse SAPALINK.java sind eine Untergruppe der Funktionen der SAPALINK.dll. Es besteht aber die Möglichkeit, fehlende Funktionen über ein

Java Native Interface (JNI) aufzurufen.

Der Aufbau der Dokumente wird von SAP übernommen und über Methoden abgebildet. Ein Dokument besteht demnach aus der Verbindung von `contRepId/docId` ein Dokument kann wiederrum aus Komponenten bestehen, die über `contRepId/docId/compId` eindeutig identifizierbar sind.

Um einen kurzen Überblick über die Funktionen zu bekommen, sollen hier nur ein paar wenige dargestellt werden. Weitere Informationen sind unter [KGS06] zu finden. Um eine Verbindung zu initiieren bzw. zu beenden, stehen die Funktionen `linkOpen` und `linkClose` bereit. Desweiteren gibt es diverse Abfrage- und Erstellungsfunktionen. Als Beispiel dient die Methode `componentCreate` zur Erstellung einer neuen Komponente zu einem bestehendem Dokument. Daneben können z. B. die Größe der Komponente, oder auch die Komponenten selbst gelesen werden.

6.3.2. fme AG

fme entwickelt Lösungen, um Informationen effektiver und effizienter zu strukturieren und ist Platin-Partner bei Alfresco. Eine dieser Entwicklungen ist eine Alfresco-spezifische Implementierung umso eine Verbindung zwischen SAP ArchiveLink, KGS SAPALINK und Alfresco zu realisieren.

Der fme ArchiveLink Adapter baut in Verbindung mit KGS SAPALINK eine Verbindung zu ArchiveLink von SAP auf und ermöglicht, dass Dokumente aus SAP im Alfresco DMS gespeichert werden können. Dokumente können über SAP, aber auch über diverse Clients und Schnittstellen genutzt werden.

Als Basis diente das KGS SAPALINK Framework und ist Grundlage für den fme ArchiveLink Adapter. Hieraus ergibt sich die Möglichkeit, Alfresco als Content Repository in SAP einzurichten und zu nutzen. Folgende Funktionen werden hierbei unterstützt:

- Ablegen und Abrufen von Dokumenten und Komponenten

- Ablegen und Abrufen von Drucklisten

- Löschen von Dokumenten und Komponenten aus SAP heraus

- Übertragen zusätzlicher Metadaten von SAP nach Alfresco

- Abfragen der Metadaten aus Alfresco von SAP

fme stellt die Möglichkeit der Replikation von Metadaten aus dem SAP-System nach Alfresco besonders hervor, da diese nicht im Funktionsumfang der SAP ArchiveLink Schnittstelle existieren.

Hieraus ergeben sich weitere Vorteile für die automatische Verarbeitung von Dokumenten in Geschäftsprozessen. Da einzelne Dokumente mit Geschäftsobjekten verknüpft werden, können diese direkt aus dem Vorgang und den Anwendungen aufgerufen werden. Die weitere Integration von Alfresco über die ArchiveLink Schnittstelle bietet die Möglichkeit, Dokumente gesteuert aufzubewahren, Aufbewahrungsfristen zu überwachen und eine revisionskonforme Ablage zu erzeugen.

Durch die Erweiterung um eine Replikation von Metadaten aus dem SAP System heraus, können beliebige, beschreibende Daten wie Kundenname, Auftrags- oder Bestellnummer zu den in Alfresco abgelegten Dokumenten hinzugefügt werden. Somit bieten sich mehr Möglichkeiten der Nutzung solcher Dokumente auch für Nutzer ohne SAP Zugang.

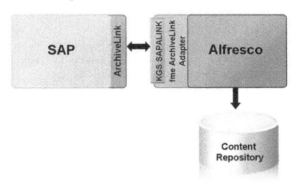

Abbildung 6: Verknüpfung von SAP ArchiveLink mit Alfresco über Framework / Add-On Kombination

7. Zusammenfassung

Die ersten beiden Kapitel befassten sich einführend mit den beiden Seiten SAP ArchiveLink und Alfresco DMS. Es sollte gezeigt werden, wodurch sich diese auszeichnen und durch welche grundsätzlichen Eigenschaften sie geprägt sind.

Das Kapitel 4 sollte eine Einführung in ArchiveLink HTTP Content Server geben und dabei die wichtigsten Elemente ansprechen. Weiterführende Informationen können in den entsprechenden Quellen nachgeschlagen werden.

Im Kapitel 5 wird in das Alfresco Web Skript anhand eines Hello World Beispiels eingeführt. Es wurde dargestellt, welche Struktur Web Skripte besitzen können, wie eine Oberfläche aufgebaut werden kann und welche Funktionen in dem eigentlichen Script abgelegt werden können/müssen.

Aus den vorangegangen Kapiteln stellen die Szenarien im Kapitel 6 mögliche Umsetzungen dar, welche im Unternehmen eingesetzt werden können.

In der einführenden Beschreibung wurde gezeigt, dass eine einfache Verbindung zwischen SAP und Alfresco standardmäßig nicht möglich ist. Eine Kopplung kann durch einen externen Dienst/Server erreicht werden, welcher die Dokumente inklusive Metainformationen auf Alfresco ablegt und gegebenenfalls wieder lädt. Des weiteren können die mächtigen Web-Skripte von Alfresco eine Möglichkeit der Kopplung bieten, was allerdings wie bei einem Server mit hohem Aufwand verbunden ist.

Als alternative Möglichkeit bieten sich Ansätze durch Systemhäuser an. Als Beispiel wird eine Lösung von *fme* aufgeführt die über das Framework von *KGS* eine Verbindung zwischen SAP und Alfresco liefert. Weitere Ansätze kommen auch von it-novum mit ITN Connector DMS.

Keiner der Lösungsansätze kann alle Anforderungen abdecken und sich einfach implementieren lassen.

Neue Ansätze können und werden sich entwickeln, nicht zu letzt, da SAP intern selbst Alfresco einsetzt. Konkurrenz wird es durch OpenText geben, aber das kann auch positiv für eine mögliche Verbindung zwischen SAP und Alfresco ausgelegt werden.

A. Anhang

A.1. SAP HTTP Content Server - secKey - Technische Informationen

Signaturformat:	PKCS-7 „Signed-Data"
Public-Key Verfahren:	DSS
Schlüssellänge:	512 – 1024 Bit
Public Exponent:	$2^{16} + 1$
Public-Key FormT:	X.509 v3 Zertifikat
Message Digest Algorithmus:	MD5 oder RIPEMD-160

Tabelle 6: Technische Informationen zum secKey

A.2. Alfresco Web Script - Beschreibungs Datei

```
<webscript>
  <shortname>Beispiel Script</shortname>
  <description>Ein Beispiel Script zur Anschauung</description>
  <url>/sample/bsp</url>
  <format default="FORMAT">TYP</format>
  <authentication>user</authentication>
</webscript>
```

Beschreibung zu den Parametern:

- shortname — Der ausgeschriebene Name des Web Scripts

- description (optional) — Eine Beschreibung des Web Scripts

- url (ein oder mehrere) — URIs über die das Script aufgerufen werden kann

- format (optional) — Hierüber kann das Ausgabeformat und damit das aufzurufende *response template*, wobei TYP folgende Ausprägungen annehmen kann:

    - argument — Format wird als Argument übergeben: ...&format=xml

40

- **extension** — Format wird über die Dateiendung übergeben: ...**script.html**

- **any** (default) — eines der beiden oberen Methoden kann genutzt werden

- **default="FORMAT"** — um default zu überschreiben, wobei **FORMAT** = **HTML**, **XML**, ...

- **authentication** (optional) — legt die Authentifizierung fest

  - **none** (default) — es wird keine Authentifizierung benötigt

  - **guest** — es wird mindestens ein Gast Zugang benötigt

  - **user** — es wird mindestens ein registrierter Account benötigt

  - **admin** — es wird mindestens ein Administrator Zugang benötigt

Darüber hinaus gibt es noch eine Reihe erweiternder Parameter, die eine noch detailliertere Beschreibung ermöglichen. Diese sind zum Teil relevant, werden aber selten eingesetzt.

A.3. Folder Browse: ATOM Response Template

Um die Ausgabe auch über ATOM zu ermöglichen, wir das entsprechende Response Template benötigt. Auf die detaillierte Beschreibung soll hier nicht weiter eingegangen werden.

```
1  <?xml version="1.0" encoding="UTF-8"?>
2  <feed xmlns="http://www.w3.org/2005/Atom">
3    <generator version="${server.version}">Alfresco (${server.edition})</
         generator>
4    <title>Folder: ${folder.displayPath}/${folder.name}</title>
5    <updated>${xmldate(date)}</updated>
6    <icon>${absurl(url.context)}/images/logo/AlfrescoLogo16.ico</icon>
7    <#list folder.children as child>
8      <entry>
9      <title>${child.name}</title>
10     <#if child.isContainer>
```

```
11        <link rel="alternate" href="${absurl(url.serviceContext)}/sample/
              folder<@encodepath node=child/>"/>
12     <#else>
13       <link rel="alternate" href="${absurl(url.serviceContext)}/api/node/
              content/${child.nodeRef.storeRef.protocol}/${child.nodeRef.
              storeRef.identifier}/${child.nodeRef.id}/${child.name?url}"/>
14     </#if>
15     <icon>${absurl(url.context)}${child.icon16}</icon>
16     <id>urn:uuid:${child.id}</id>
17     <updated>${xmldate(child.properties.modified)}</updated>
18     <summary>${child.properties.description!""}</summary>
19     <author>
20       <name>${child.properties.creator}</name>
21     </author>
22     </entry>
23   </#list>
24 </feed>
```

Listing 13: Ordner anzeigen - folder.get.atom.ftl

B. Abkürzungsverzeichnis

BPM Business Process Management

CIFS Common Internet File System

DMS Dokumentenmangement

DSS Digital Signature Standard

ECM Enterprise-Content-Management

FTP File Transfer Protocol

HTTP HyperText-Transfer-Protokoll

JNI Java Native Interface

MD5 Message-Digest Algorithm 5

PKCS-7 Public Key Cryptography Standards - Nr. 7: Cryptographic Message Syntax Standard

RIPEMD-160 RACE Integrity Primitives Evaluation Message Digest

SLA Service Level Agreement

SMB Server Message Block

SSF SAP Secure Store & Forward

URI Uniform Resource Identifier

URL Uniform Ressource Locator

UTC Coordinated Universal Time

WebDAV Web-based Distributed Authoring and Versioning

C. Abbildungsverzeichnis

D. Listings

E. Tabellenverzeichnis

F. Literatur

[Alf12a] Alfresco Software Inc. Programming with web scripts.
http://docs.alfresco.com/4.0/index.jsp?topic=%2Fcom.alfresco.
enterprise.doc%2Fconcepts%2Fws-architecture.html, 2012.

[Alf12b] Alfresco Software Inc. Web scripts - wiki.
http://wiki.alfresco.com/wiki/Web_Scripts, 2012.

[KGS06] KGS mbH. *SDK Implementation Reference Guide*. Version 2.10 revision g edition, 2006.

[MBW10] Peter Mandl, Andreas Bakomenko, and Johannes Weiß. *Grundkurs Datenkommunikation - TCP/IP-basierte Kommunikation: Grundlagen, Konzepte und Standards*. Vieweg + Teubner, Wiesbaden, 2010.

[SAP01] SAP AG. *SAP ArchiveLink (BC-SRV-ARL)*. Release 4.6c edition, 2001.

[Ste06] Helmut Stefani. *Datenarchivierung mit SAP - Erweiterte Neuauflage mit aktuellen Informationen bis mySAP ERP 2005*. Galileo Press GmbH, Bonn, 2. aufl. edition, 2006.